El gallo Quiriquí

Escrito por Joy Cowley

Ilustrado por Jane Molineaux

Dominie Press, Inc.

Directora General:	Christine Yuen
Editor Ejecutivo:	Carlos A. Byfield
Diseñadora:	Lois Stanfield
Ilustradora:	Jane Molineaux

Publicado por:

꒒ Dominie Press, Inc.

1949 Kellogg Avenue
Carlsbad, California 92008 EE.UU.

www.dominie.com

Cubierta de cartón ISBN 0-7685-0857-6
Libro encuadernado ISBN 0-7685-0037-0
Impreso en Singapur por PH Productions Pte Ltd
1 2 3 4 5 6 PH 04 03 02

Contenido

Capítulo 1
El reloj despertador

A las seis de la mañana, sea
invierno o verano, el gallo Quiriquí
se paraba sobre el techo del
gallinero llamado Dulce cacareo,
y cacareaba para despertar a todos
los vecinos del pueblo.

—¡Quiquiriquí!

Se prendían las luces. Se abrían
las cortinas. Corría el agua caliente
de las duchas. Se preparaba el café
y el pan tostado.

—¡Quiquiriquí!

La conductora ponía en marcha
el autobús. El maestro recogía su
botella de leche. Los comerciantes
en sus pijamas salían a recoger
sus periódicos para leer acerca
del tiempo que haría.

En la granja Dulce cacareo
la granjera le traía un balde
de comida a las gallinas.
—No necesitamos un reloj
despertador teniéndote a ti
—le decía a Quiriquí.

Capítulo 2

Baboso, el cachorro

Una tarde, Quiriquí estaba picoteando debajo de un árbol de roble. Sus plumas finas ondeaban como banderas en la brisa.

Quiriquí no vio a Baboso,
el cachorro, detrás de él.
Baboso saltó encima de él y
arrancó unas plumas del gallo
con sus dientes.

¡Qué susto se dio Quiriquí!
Plumas y hojas volaron por
todas partes como si
hubiera una tormenta.

Baboso, el cachorro, se fue
corriendo con dos plumas de
la cola de Quiriquí en la boca.

Quiriquí abrió su pico para gritar
pero no salió un grito. Trató una
y otra vez. El único sonido que
le salía era un leve graznido.
—¡He perdido la voz! —murmuró.

Las gallinas lo rodearon.

—Fue el susto —le dijo Amalia—.
Siéntate y descansa —le dijo.

—Ponte una hoja de col alrededor
de tu garganta —le dijo la gallina
Carlota.

—Toma un vaso de jugo de babosas
—le dijo la gallina Lulú.

Capítulo 3

Una rana dentro de una bolsa de harina

A las seis de la mañana del siguiente día, Quiriquí se subió al techo y aleteó.

—¡Croacroaquí!

Abrió su pico un poco más
y trató de cacarear más recio.

—¡Croacroaquí!

Todas las gallinas, menos
la gallina Carlota, siguieron
durmiendo.

—¡Pobre tu papá! —le dijo
a los polluelos—. Suena como una
rana dentro de una bolsa de harina.

Capítulo 4

De prisa

Salió el sol y todas las personas del pueblo siguieron durmiendo. Cuando se despertaron, todos estaban de prisa.

—¿Qué pasó? —preguntaron
mientras se ponían la ropa sobre
el pijama y se quemaba el pan
tostado. El autobús escolar estaba
atrasado. Las clases comenzaron
tarde. Los negocios no abrieron
hasta las once de la mañana.

—¿Qué pasó con el gallo? —se
preguntaron todos.

Era la hora del almuerzo cuando
se despertó la granjera. Llevó tarde
el balde de comida, y las gallinas
estaban muy hambrientas.

—¡Quiriquí! —dijo Amanda
en forma brusca—. ¡Haz algo para
poder cacarear!.

—No puedo —murmuró Quiriquí,
que estaba muy triste y sin hambre.

Capítulo 5

¡Abre el pico!

Todo el día, Quiriquí, el gallo,
andaba con la cabeza baja en
el gallinero Dulce cacareo, su voz tan
débil como el pío de un polluelo.

Esa noche, la gallina Carlota,
fue al rincón donde estaba
el gallo Quiriquí.

—¡Abre tu pico! —cloqueó la
gallina Carlota.

La gallina Carlota
examinó la garganta de Quiriquí.

Después con su pico le quitó
algo grande y duro y lo arrojó
al suelo.

—Ese es tu problema —le dijo—.
Tenías una bellota en la garganta.

El gallo Quiriquí tragó.
Inclinó la cabeza hacia atrás
e intentó usar la voz.

—¡*Quiquiriquí!*

—¡*Quiquiriquí!*

Capítulo 6

Ya cantarás a tiempo

Se prendieron las luces en todo
el pueblo. Las personas de un
salto se levantaron de sus camas.
El agua de las duchas corría
caliente. Se preparó café y se
hizo pan tostado.

Pero nadie podía entender por
qué el cielo estaba todavía oscuro
y lleno de estrellas.

La granjera, media dormida,
vino al gallinero con los baldes
de comida. No sabía que era
la medianoche.

La gallina Carlota cloqueó:
—No te preocupes querido
—le dijo al gallo Quiriquí—.
Ya cantarás a tiempo.